문학공원 시선 125

생의 한 줌

문학공원 시선 125

생의 한 줌

봉순희 시집

生이 한 줌 빠졌다 간밤에 내린 비에
미련 때문일까 아직도 떠나지 못한 분신들
뼈마디가 앙상한 어미나무를 부둥켜안고 운다

문학공원

시인의 말

지금 창밖엔 단풍이 붉게 물들고 있습니다.
이글거리는 한여름 불볕을 당당하게 이겨낸
작은 풀잎의 용기를 봅니다.

문득문득 스치는 순간의 형상, 그것은
내 마음 한 골짜기에서 자라난 그리움이었습니다.
이번 두 번째 시집은 첫 번째 시집의 설렘보다
우선 걱정과 두려움이 앞섭니다.

그동안 나에게는 시 창작을 지도해주신
존경하는 나의 스승님
한여울문학 대표 자운紫云 한화덕 선생님이 계십니다
이 시집에는 훌륭하신 시평과 해설이 있습니다.

한편의 시를 쓰기위해 전전긍긍하는 나를 위해
"엄마 파이팅…"을 외치며 열렬히 지지해주는
사랑하는 내 아들과 딸
삶이 고요를 흔드는 고통의 순간에도
나의 동반자 박승욱 님의 따뜻한 말 한 마디가
나름의 시를 쓰는 이유가 되었습니다.

무언의 눈빛으로 응원 해 주시는 많은 분들이 계십니다.
내 인생의 여정에
한여울문학 글벗님들이 계셔서 외롭지 않았습니다.
정말 감사합니다.

2017년 가을.

은평 봉산자락 단풍그늘 아래서

佳香 봉 순 희

CONTENTS

1부. 내 삶의 문양

2부. 서리꽃이 필 때까지

3부. 물의 나그네

4부. 봄은 그렇게 내게 왔다

5부. 생의 물길질

1부.
내 삶의 문양

내 삶의 문양

한 송이
고결한 백합이 되고 싶었던
하얀 꽃대궁 하나

고운 햇살 가슴에 품고
향기롭게 꽃잎을 피우려 할 때
세상에 부는 매몰찬 바람은
이 몸을 자꾸 흔들어댄다

너덜너덜 찢기어진 육신
갈피를 잃고 긴 어둠의 터널에서
방황할 때
늘 그 자리에서
나의 바람막이가 되어준
저 푸른 소나무 한 그루

그래서
내 삶의 문양은
가을볕이 곱게 물든
저 산야의 들꽃처럼
그저 수수하단다

바다는 침묵했다

바다는 침묵했다
저녁노을을 집어 삼키고

저 푸른 바위섬에서
해를 품고 달을 품고
한평생 청춘가를 부르던
늙은 어부가 절규한다

파도야 어서 일어나렴
붉은 태양이 숨바꼭질하는 동해에서
검푸른 고래 등을 타고
저 태평양으로 가자구나

갯바람 부는 바닷가
먼발치에 무심한 듯 서있던
동백의 붉은 모가지가
툭- 떨어진다

어느덧
수평선에 땅거미 내리고
그 노인의 머리에는
소금꽃이 하얗게 피고

오후의 바다

풍요의 어장에
황금빛이 쏟아진다
우리는 지금 한잔 낮술에 취해
넘실넘실 춤을 추고 있다

끼룩끼룩 갈매기 떼 고공비행하는
축복과 환희에 찬
이 시간
광활한 이 둥지 안에
신비의 생명체들이
힘찬 발길질을 하며
유영하고 있지 아니한가

평화롭고 이별 없는 영원한 제국에서
나는 너를 만나고
너는 나를 만나기 위해
먼 길을 걸어 여기까지 왔구나

때론 육신에 난 상처가 너무 깊어
포기하고 싶었던 삶이었다
석양빛 노을에
황금빛이 쏟아진다

인천대교

잠시 멈추었다
공항으로 가던 발걸음을

갯바람이 서럽게 불던 날
저녁 해 걸음에
이 다리를 건너 무심하게 떠난
내 사랑이여

그대는 아시는가
오후 네 시가 되면
푸르디푸르던 저 서해의 얼굴이
왜 핏빛으로 물들고
몸부림치는지

파란 많은
인생의 나루터에서
우리는 누군가를 만나고
헤어져야만 하나

갈매기 떼 날던 인천대교는
어느덧 어둠 속에 잠기고
저 건너 송도 밤거리에 네온이
형형색색 눈을 뜨고 있다

이제야 알겠습니다

몰랐습니다
예전엔 몰랐습니다
그대 가슴에
심연深淵의 바다가 있다는 것을
그 깊이가 얼마인지를

언젠가 폭풍우가 내리치고
성난 파도는 굉음을 내고
그때 우리의 삶은 요동쳤습니다

바위섬 하나 없는 망망한 대해에서
질풍노도와 사투를 벌일 때
아, 당신은 바로
그 낡은 목선의
외로운 선장이었습니다

고독한 항해 끝에
이제 물결이 잔잔하네요
황금빛 저녁노을도
당신 얼굴에 곱게 퍼지고 있습니다

이제야 알겠습니다
그대의 눈물이
저 서해 바다의 소금물보다
더 짜디 짠 까닭을

하루

붉은 피가 돈다
새처럼 작은 이 가슴에
무채색으로 마주한
새날 새 아침

째깍째깍 초침은
우주의 톱니바퀴를 돌리며
무한 질주를…

오늘도 삶의 무게는
제가 견딜 수 있는 만큼만
나의 기도가 간절하다

어느덧 고단한 나의 발자취에
어둠내리고
푸른 달그림자 서성인다

따사로운 온기 속에
집안에는 웃음꽃이 피어난다
숨결이 곱고 순하다

새벽달

둥–둥
하늘 문을 열고
와락 내 품에 안길
그대 생각에

뜬눈으로
어둠의 창가에 서서
간밤을 하얗게 지새웁니다

구름 때문일까요
바람 때문일까요

오늘도 그대와 나
저 높은 낮과 밤의 벽을
끝내 허물지 못하고

샛별의 무덤
저 붉은 태양 속으로
떠나갑니다

휘어진 소나무

푸른 등불 하나
온몸에 불 밝히고
고독한 언덕에 서서

휘몰아치는 바람에게
길을 내어주고
이 땅을 다시 찾는 철새들과
하얀 겨울 손님에겐
너의 정수리를 내어주고

이제 곱디고운 옷 한 벌 걸치고
먼 길 떠나는 가을 나비와
생의 기로에서 방황하는
한 외로운 나그네에게
푸른 나침반까지

아, 그랬구나
삶의 무게에 등허리가 굽어지고
팔 다리까지 휘어져구나

사시사철 불 밝히던
숭고한 너의 정신
그래 그래서
네 얼굴에 초록빛이 영원하구나

빛의 함정

빛의 함정에 빠졌다
나는 속았다
그날 웬일인지
별빛도 달빛도 눈을 꼭 감고
시치미 뚝 떼고 있었다

은밀하게 어둠을 유혹하는 건
입술을 새빨갛게 칠하고
노랑과 초록으로 옷을 입은
그 찻집의 조명뿐

운명이었을까
창밖엔 찬바람도 불고 있었다
꽁꽁 얼어붙은
스물일곱 젊은 심장을 녹이며 찾아온
오, 나의 빛이여
그 세월도 아득하여라

오늘은 함께 가는
그 빛의 그림자에게 눈을 흘긴다
빛의 함정에 빠졌다
나는 속았다

동행

내가 가는 길에
별 하나 따라옵니다

길섶에 꽃들도
잠결에 손을 흔듭니다

밤길 걷는 내 모습
무척 외로웠나 봅니다

그릇 · 1

새아씨처럼 곱게 분칠하고
꽃바람에 몸을 실어
머-언 이곳까지 왔건만

감옥 같은 집안에 갇혀
물기 마를 날 없는 고단한 삶이어라
온전하던 육신은
펄펄 끓는 세월의 물살에
멍들고
금가고
이빨마저 빠지고
아, 고왔던
그 모습은 어디로 갔을까

불 꺼지고
바람마저 잠든 살강에 누워
가랑가랑 잔기침하는
가녀린 목숨이여

그릇 · 2

하얀 박하 분처럼
내 속살이 곱고 보드라울 때
한 늑대가 가면을 쓰고
눈앞에 나타났다네

솜사탕처럼 달달하던
그 눈빛이
어찌 올가미의 덫인 줄 알았으랴

따뜻한 빛과 물 공기
향기로운 내 영혼을 섞어 빚은
이 몸의 형상이
날이면 날마다 펄펄 끓는
삶의 용광로 속으로
풍덩

부서지는 거센 물살이여
찬물은 운명이고
더운 물은 팔자려니
매 순간을 삭히고 삭혔다네

어느새
내 육신은 쩍쩍 금이 갔다네
아, 이 가슴속엔
뜨거운 눈물 몇 섬이나 고였을까

온몸은 훈장처럼 멍들고
성한 곳 하나 없지만
그래도 꽃은 피어있다네

불꽃의 독백
- 가스레인지

서러움을 독백한다
작은 불씨 하나

난 누굴 위해
이 어두컴컴한 부엌 한구석에서
육신을 불태워야 했던가

미동微動조차 할 수 없지만
최후의 순간
저 시커먼 아궁이 속에서
활활 타오르는 장작불처럼
내 욕망을 불태우고 싶었다

파란 불꽃놀이에
온몸이 점점 뜨거워진다
심장엔 붉은 피가 돈다
아, 어디선가 바람처럼 달려와
이내 목을 비틀어대는
그대는 누구인가

나의 숙명인가
숨소리는 점점 가빠지는데
가던 발자국 뒤돌아본다

허무

인간은
우물 속에서 퍼낸
한 바가지
물에 불과한 것을

흩어지는 물과
허공에 부는 바람
아, 저 하늘 끝에서
잠시도 머물지 않는
먹장구름과 같다

이 순간도
내 곁을 스쳐가는 바람
잡을 수가 없구나
참 허무하여라

시인의 언어

깊은 사고와
고뇌를 하며 글을 쓰는
시인은
긴 장고 끝에
사념의 날개를 쳐낸다

한 그루
올곧은 나무를 키우기 위해
미련 없이 잔가지를 쳐내야하는
조경사와 같다

무딘 칼끝에
어찌 아픔이 없으랴
속울음 삼킨 상처의 그림자 속에
맑은 향기를 품은
시어가 탄생하는 순간
시인은 참 희열을 느낀다

내가 가는 길

나는 누구인가
석양이 물든 저녁 강가에서
외로움에 몸부림치는
은빛 갈대를 부여잡고
목 놓아 울었다

근심스런 얼굴로 달려 온
하얀 달빛 그림자가
야윈 내 두 뺨을 어루만지며
'울지 말고 힘을 내…
네 감성의 밭에 물을 주고
한 번 가꾸어봐,

아, 기적처럼
세월 속에 묵혀 두었던
내 영혼의 묵정밭엔
파랗게 새싹이 돋고
색색으로 꽃까지 피어나는데

내 시작詩作노트에는
아직도 성글지 못한
풋내 나는 열매들이 아우성친다
내가 가는 길은
멀고 아득하구나

북한산의 아침

나는 보았다네
신 새벽
차디찬 북한산에 얼굴을 부비며
제 몸을 벌겋게 불사르는
태양의 숭고한 마음을

온몸엔 땀방울
저 찬란한 불꽃으로
어제의 분노와 갈등을
하얗게 재가 되도록 태우는

그래서 함초롬한 땀방울
땀방울 너는
아침이슬이었구나
수도 서울의 젖줄 한강수였구나

새아침
잠든 세상을 깨우는 천년 고찰
삼천사의 맑은 범종소리여
아, 영원히 꺼지지 않는
북한산의 불꽃이여

2부.

서리꽃이 필 때까지

단풍잎의 소망

어디론가
머-언 여행을 떠나고 싶다
한 마리 가을 나비가 되어

生의 끄트머리
노란 금실로 수를 놓은
고운 수의를 입고

타다 남은
초록 그리움 한 조각은
메마른 이 가슴에 쓸어안고

산 넘고
바다 건너
바람의 길 따라 훨훨

가을로 가는 기차표

팔아요, 팔아요
가을로 가는 기차표를
무더위에 지친 가지 끝마다
구세주처럼 들려오는
천상의 소리

창구도, 매표원도 없는데
어디서 표를 사야 하나
발을 동동 구르는 군상들에게

이 우주가 모두 매표소여
획 한마디 던지고
어디론가 사라지는
산들바람의 소리

가을역까지는
아직도 서-너 정거장 남았는데
성미 급한 나뭇잎들은 벌써
울긋불긋한 배낭을 메고
우-우

아, 다행이다
내 손안에도 노란 기차표 한 장이
바람결에 머문다

간이역에서 · 2

물안개 피어오르는
강 언덕
그 정거장

인적 끊긴 그곳에
거미가 집을 짓고 허무만 맴돈다
아직도 붉은 칸나 꽃은 여전하고
코스모스 손짓 애련하다

날렵한 몸매
도도하고 매몰차게 달리는
저 무심한 ktx열차 때문일까
가슴을 울리던 기적소리
이제 철길 속에 묻혔다

기쁨으로 만나고
눈물로 헤어지고
수많은 사연과 사연 속에
발길과 발길들이 머물던 곳

갈잎이 뒹구는 늦가을이 되면
가슴앓이 하던 누군가가
싸늘한 커피 한 잔 마시며
옛 추억의 그림자를 밟고 가는

잘 가라, 잘 가
손짓하시던 늙은 어머니가
거기에 서계신다

가을 산 · 1

가을 산에 오르다
색색으로 물든
단풍잎의 얼굴을 보았다네

지난 여름
그 폭염 속에서도
저 잎새들의 끝없는 야망은
거친 산세를 타고
하늘을 찌를 것만 같았는데

너는 무엇이 두렵기에
노랑 빨강에
색색으로 옷을 갈아입었느냐

바람이 밟고 가던
돌계단의 파란 이끼도
눈을 감고 침묵 중이다

그 산의 무수한 비밀을
덮고 덮으려는 듯
가을 산은 지금
카멜레온처럼 변신 중이다

초록 그림자

가을볕이 참 곱다
참새들 노래하고
어여쁘게 꽃들로 피어난
내 삶의 둥지여

윤기 돌던 육신은
소용돌이치는 삶의 물살에
그 빛은 점점 퇴색되어 가고

가슴속에 파고드는
서늘한 바람 한줄기
파도처럼 몰려오는 허무여

삶의 여정을 되돌아보니
벙글거리던 날도
눈물짓던 날도
인생, 그것이 인생 아니더냐

그래도 발길은
초록 그림자를 밟고
또 가고 있는 미지의 여행길
아, 가을볕이 참 곱다

가을을 걷고 싶다

가을을 걷고 싶다
황금빛 들녘에
코스모스가 애련하게 춤추는

파란 잉크 빛 하늘에
정처 없이 떠도는
하-아얀 뭉게구름 벗을 삼아

지난 세월
그리움이 차곡차곡 쌓인 걸망을 메고
단풍진 떡갈나무 사이로
솔향기 가득 차오르는
오솔길을 걷고 싶다

가다가다 지쳐 허기가 들면
저녁연기 모락모락 피어오르는
어느 촌락에 들러

마음씨 좋은 주인장에게
새하얀 햅쌀밥 한 사발과
어머니의 맛이 꿉꿉하게 살아있는
토장국 한 그릇 청하고 싶다

어머니의 가을

나뭇가지마다
붉은 선혈이 흐르고 있네
그 가을 산에

봄의 빈가지에
수수하게 꽃을 피우고
한여름 폭풍우를
온몸으로 지켜낸
푸른 분신들이었다네

어느새 무심하게 불어오는
하늬바람 손짓이여
뒤돌아보지 않고 떠나가는
약속한 마음들이여

듬성듬성 해져가는 산허리에
늙은 나무 한 그루
외롭게 서있네

추석

신이시여
부디 제 술잔을 받아주소서
오늘 이 뜻 깊은 제상에
아직은 푸릇한 술잔에
새벽이슬로 빚은 맑은 술 한 잔을
제주로 올리나이다

그렇게 뜨거웠던 여름
폭염에 살갗이 시퍼렇게 데이고
폭풍우에 온몸이 뿌리 채 흔들려도
오직 가슴에 초록 등불 하나
불 밝히고
저 광활한 대지에 서있었던
작은 생명체들이었나이다

하늘의 은혜가 있어
그 가슴에 등불은 꺼지지 않았고
마침내 형형색색으로 물든 고운 옷에
속이 꽉 찬 튼실한 열매들로
이 가을 주인공이 되었나이다

신이시여
고개 숙여
감사의 기도를 드리나니
부디 제 술잔을 받아주소서

단풍잎

가을이 깊어간다
두–둥
저 멀리서 들려오는 북소리
이젠 떠나가야 할 시간

어느새 나뭇잎들은
울긋불긋 한 생애가 물든
화려한 옷을 입는다

삶의 기억을 지우고 싶은 듯
말없이 손에 손을 잡고
동그라미를 그리며
바람에 빙빙 춤을 춘다

꿈결처럼 영상이 스쳐간다
초록이 날개를 달고
저 한여름 광야에서
붉은 태양과 정열적인 입맞춤의 기억
아, 주룩주룩 소나기가 내린다

어디선가 찬바람이 다가와
내 옷깃을 자꾸 잡아당긴다
가슴앓이하며 살던 이 땅
그래도 좀 더 머물고 싶은데

생의 한 줌

生이 한 줌 빠졌다
간밤에 내린 비에

미련 때문일까
아직도 떠나지 못한 분신들
뼈마디가 앙상한
어미나무를 부둥켜안고 운다

아, 어떡하나
저 쌀쌀한 바람의 소리를
이제 마지막 남은
붉은 잎새 한 잎도
발을 동동 구르는데

저 멀리서 들려오는
깊은 바람의 통곡소리
뼈마디가 앙상한
어미나무를 부둥켜안고 운다

은행나무

지난 봄
저는 하늘 은행에
대출을 신청하였나이다

지성이면 감천인가요
애끓는 저의 기도는
바람이 엿듣고
땅도 귀를 기울였나이다

따사로운 햇볕의 은혜와
바람의 회초리
향긋한 흙냄새까지
제 육신에 온몸으로 품었나이다

들리나이까
달그락달그락
이 풍요의 소리가
모두 당신들의 은덕이나이다

이제 빚을 갚겠나이다
구린내 나는 나의 둥근 동전은
땅의 은혜로운 샛노란 지전으로

들리나이까
달그락달그락
이 풍요의 소리가

갈색낙엽 찻잔

가을, 계절 탓일까요
소심해진 이 내 마음
귀뚜리가 울면 가슴에 파문이 입니다

언제부터였을까요
가을바람이 산산하게 불면
지독하게 사모했던
그 누군가가 그립습니다

가을이 붉게 타고 있네요
어느새 마음은
하얀 연기가 손짓하는 언덕배기
그 카페로 달려가고 있네요

추억의 창가에 앉아
바스락거리는 갈색낙엽 찻잔에
그리움 한 스푼을 넣는 순간
꾹꾹 눌러 왔던 뜨거운 눈물이

그립다 그립다
네가 그립다
저 갈대밭에 숨어 있는

갈색 낙엽, 당신의 이름을
나지막한 목소리로 불러봅니다

가을편지 · 1

바람이여
이 내 마음이 빨갛게 물든
이 갈잎 편지를
그리운 내 님에게 전해주오

나의 뜰에 핀
노란 국화꽃 얼굴에
찬이슬 한 방울이 도르르 떨어질 때
왠지 모를 슬픔에
외로워지는 이 내 마음이여

이 편지에는
그대를 봄의 꽃길에서 만나
한여름 뜨거운 사랑이 담은
애틋한 사연이라오

바람이여
이 갈잎 편지 한 장을
그리운 내 님에게 전해주오

가을편지 · 2

잊지 않았겠지요
고운 비단바람이 머물고
풀꽃향기가 그윽하던
그 벤치를

이글이글 타버릴 듯한
강렬한 당신의 눈빛에
나도 모르게
순간 얼굴이 화끈거렸지요

세월도 무심하네요
그대와 함께 거닐었던 그곳에
아직도 구절초도 피고
산국도 피었다는데

잊지 않았겠지요
풀꽃향기가 그윽하던
그 벤치를

촛불

마침내
제 안에 풍요가 있나이다

낙엽 한 잎 걸치지 않은
가난한 육신에
방황의 기로에
감성을 일깨운 바람이 없었다면
감로수 같은 빗방울이 없었다면
비타민 같은 햇볕이 없었다면
어머니 품 같은 대지가 없었다면

어찌 이 좋은 계절
제 곳간을 가득 채우겠나이까
빛깔 고운 이 옷을 입겠나이까
만물들은 노래하나이다

저 황금들녘의 벼들도 지금
고개 숙여
감사의 기도를 드리고 있나이다
어느새 촛불은 마음과 마음으로
번지고 있나이다

들꽃

어느덧 가을은 가고
외로움이 섬처럼 고인 계곡
찬바람만 휘휘하다

지난여름 폭풍우가 휩쓸고 간
절망의 대지에 꽃이 피었다
한 송이 들꽃이었다

소슬바람이 분다
저 가녀린 몸 쓰러질 듯
애처로운 눈망울 어떡하나

따사로운 봄의 꽃길에 피었다면
차라리 붉은 태양이 이글거리는
한여름 풀섶에 피었다면

어느덧 가을은 가고
외로움이 섬처럼 고인 계곡에
찬바람만 휘휘하다

빈 의자

가을바람이 불던 어느 날
허공 속을 헤매던 낙엽 한 잎
이 가슴에 툭 떨어집니다

아, 그때
아득한 저 언덕 넘어
그리움의 숲에서 자박자박 걸어오는
오, 나의 초록빛 그림자여

울컥 목울대를 울리는
내 삶의 애절한 노래여
침묵하던 산 메아리 울림이여

한바탕 회오리바람이
헤젓고 간 자리
아직도
구절초 향기는 가슴에 나부낍니다

해 걸음에
낙엽마저 훌쩍 떠나가니
다시 공허가 흐릅니다

발길 머문 그곳에는
- 나뭇잎 배

갈바람 부는 날
차디찬 세상에 떨어진
초라한 육신이여

이제 나는
정처 없이 허공을 구르다
물위를 떠도는 쓸쓸한
가을 나그네

삶의 뒤안길은 뒤돌아보지 말자
허허한 빈 가슴에
낮에는 흰 구름을
밤에는 별들의 눈동자를 싣고
물길 따라 가노라면

그곳엔 해님도 있고
달님도 있겠지

서리꽃이 필 때까지

누가 말했던가
인생은 속아가며 사는 거라고
미지의 세계로 달려갈 때
우리는 그 수레바퀴에 밟혀
얼마나 많은 꿈이 깨어지고
아파야 했던가

눈앞에 보이는 지름길에
바람이 잠시 쉬어가는 저 산모퉁이에
보이지 않던 산나리꽃이
빨간 손을 흔들고 있지 않는가

누가 말했던가
꿈은 이루어진다고
그래 다시 한 번 꿈을 꾸어보자
저 산모롱이 파란 갈대밭에
서리꽃이 하얗게 필 때까지

절망을 꽁꽁 묶은 올가미는
상쾌한 가을바람에게로
하나 둘
후-우 날려 보내자

단풍잎의 소회

이제 마지막 문장을 쓰다
미지의 세계로 떠나기 전
잎 새 떨어진 감나무
붉은 등불 아래서

한여름 저 불타는 광야에서
빛 바람 빗물 먹구름 우산 아래
함께 뒹굴며 갈등하곤 했었지
꿈결처럼 스쳐가는
내 젊음의 초상이여

어느새 서늘한 바람이…
미처 이 갈색노트에
행간을 다 채우지 못했는데
가물거리던 불빛도 이제 꺼져간다

어디서 왔을까
저 하얀 갈대 한 무리는
아직도 내 코끝엔
가을향기가 머물고 있는데

3부.

물의 나그네

겨울나기

생명은 살아있다
누구를 위해 기도하는 걸까
두 눈을 꼭 감고 있다

이 혹한 하얗게 눈 덮인
저 앙상한 나무 끝에
야윈 육신이여

삭풍 부는 동토의 들판
한 시절 풍요의 나팔을 불던 들꽃도
낙엽이불을 덮고 있다

찬바람이 분다
회색 하늘가엔 기러기 떼 날고
감나무에 매달린 빨간 까치밥 하나
얼굴이 더 빨갛다
아, 생명은 살아있다

소망의 눈꽃

새해 첫날
흰 눈이 내립니다

얼룩지고 부끄러운
내 삶의 허물을
눈꽃이 하얗게 덮고 있습니다

가는 해를 위로하고
새해를 맞이하는 설렘
온 누리에 축포가
팡팡 터지고 있습니다

꺼지지 않는 저 모닥불처럼
올해는 우리들 마음이
훈훈했으면 합니다

새해 첫날
흰 눈이 내립니다

눈 오는 날

겨울안개에 덮여
빛은 사라지고
이렇게 세찬 바람이 부는 날
온몸을 던져
서러움이 쌓인 골짜기를
포근히 덮는 새하얀 눈꽃이여

아직 봄은 멀어
저 깊고 그늘진 계곡에
산개구리도 긴 침묵하고 있는데
메마른 가지에
흰 눈은 사분사분 내리고
장끼 한 마리 어디론가 푸드득

겨울 안개에 덮여
빛은 사라지고

찻집에서

흰 머리가 성성한 부부는
따뜻한 차 한 잔을 마주합니다
점점 식어가는 찻잔 속에
저녁노을이 동동 떠있습니다

안타깝고 허허한 마음에
하얗게 눈 덮인 먼 산을
하염없이 바라다 봅니다

제 몸을 불태워 산장의 찻집을
훈훈하게 데우고 사그라지는
저 장작불의 불꽃처럼
아, 덧없는 인생이여

목구멍으로 꾸역꾸역 넘어가는
쓰디쓴 커피 한 모금
주르르 흘러내리는
뜨거운 내 눈물 한 방울

광덕산[1]의 밤

그 밤, 그 산은 침묵하였다
꽁꽁 얼어붙은 검은 살갗에
하얀 눈은 하염없이 내리고

저 산 아래 몇 굽이돌면
화약연기가 진동하던
그 화천 땅이 아니던가

겨레와 겨레가 겨룬 총부리
그 상흔 속에서도
질기고 질긴
생명의 풀뿌리는 살아있었다
아물지 않는 상채기여
아직도 아프겠지

삼경三更에 어둠은 깊어가고
고요를 깨우는 건
칼바람의 비명뿐
차디찬 밤하늘엔 별들이 총총하고

---

1) 광덕산 : 경기도 포천과 강원도 화천의 경계에 있는 산

흔들리는 뿌리

앙상한 숲 그늘에 서있는
겨울나무 한 그루
해마다 봄꽃 피고
푸른 숲 그늘엔 벌 나비 윙윙대고
그 시절 영원할 것만 같았다

굽이굽이 산등성이를 넘고
쉬임 없이 흐르는 시간의 다리 건넜다
한순간 유리알처럼
마-알간 실개천에 스친 모습
아찔하여라
눈앞에 샛노란 별들이 쏟아진다

온몸이 흔들린다
어느새 기약 없는 바람이
슬그머니 내 손을 잡는다
나는 어디로 가는 걸까

물의 나그네

\- 세미원

둥지 떠난 물의 나그네
향긋한 꽃바람 유혹에
발길 닿은

보라!
저 불볕 쏟아지는 진흙 밭에서
세상사 근심걱정 대신해
온 몸과 영혼은 꽃등되어
색색으로 불 밝히는
저 연꽃들의 마음을

여기는 물의 나라
속세에서 찌들고 병든
내 영혼과 육신을
저 천년의 연꽃 향으로 씻어내리

석양이 물든 강물에 나뭇잎 하나 떠있네
와락 물의 품에 안기는
초록의 산그림자여

어느덧 가던 발길 멈추고
세미원 연꽃 향에 취해

고요한 저녁 강물에
발 담그는
물의 나그네

하얀 찔레꽃 · 1

그녀의 살갗에
차가운 바람이 스며들었다
삼사월 봄꽃 향기 황홀하고
벌 나비 무리지어
봄의 거리를 누빌 때

연약한 마음 상처는 깊어지고
온몸엔 가시까지 돋았다
가없는 세월이여
어느새 태양의 열기가
오월 울타리에 맴돌고 있다

뻐꾸기와 산새들은
신록이 거칠게 파도치는
싱그러운 숲 그늘에 둥지를 틀었다
제짝 찾아 정답게 노래를 한다

저 고독한 언덕에 서서
먼 산 바라기만 하던…
아, 아쉬운 마음에
봄볕 한 움큼 움켜쥐었다

점점 타오르는 불꽃이여
마침내 찔레나무 푸른 촛대에
하얀 꽃송이가 피어났다

등잔불

싸륵싸륵 흰 눈 쌓이고
산골의 밤이 깊어갈 때
작은 불빛 아래
어머니는 한 땀 한 땀 바느질하시고
나는 앉은뱅이책상에 앉아
구구단을 외우고 숙제를 했지

아가야 이리와
옛날 얘기 해줄게
아, 그때
밤하늘의 별들도 들었을까

의좋은 형제
해와 달이 된 오누이
효녀 심청전…
어머니는 이야기보따리를 풀어헤쳐
효 우애 삶의 지혜를 가르치셨지

한겨울 밤
부엉이소리 산속에 곤히 잠들고
등잔불마저 가물가물 졸면
어느새 앞산엔 먼동이 텄지

그리움의 꽃밭

아, 그립다
내 고향집 마당가에 놀던
그 고운 얼굴들이

작은 뜨락에
성도 다르고 얼굴도 다른
채송화 봉숭아 분꽃 맨드라미 달리아…

어느 해 여름이었을까
태풍은 날개를 달고
무도한 폭도가 되어
가녀린 육신들을 마구 흔들었다

새벽닭 울음에 어둠이 깨어나듯
분연히 일어난 맨드라미가
붉은 모가지를 쑥 내밀었을 때
어느새 작은 손들이 마주잡고 있었다
서로가 버팀목이 되었던 것이다

불볕 내리는 한여름 마당가에
예쁜 마음들이 소담스럽게 피어났다
女心을 울리는 저녁나팔소리여
아, 그곳에 내가 서성이고 있다

질경이

이 땅이 뜨겁다
저 하늘가에 새하얀 새털구름도
살갗에 스치는 시원한 바람도
지금은 아주 머나먼 이야기어라

그 푸르던 나뭇잎이
한낮 열기에 온몸이 축 처져있다
그때 소달구지가 내 얼굴 위로

그래, 밟아라
얼룩빼기 황소야
이 작은 가슴 다 내어줄게

겉치레가 화려하지 않아
낮은 곳에서 외면당한 육신이지만
어찌 너만 하랴

허-헉 가쁜 숨 몰아쉬며
신음하는 황소에게
무언의 눈빛을 보낸다
한 발자국
또 한 발자국

얼룩빼기 황소가 밟고 간 자리

초록 피가 흐른다
이 몸이 너무 아프다
그러나 나는 다시 일어선다

짙은 바람이 주는
질긴 생명력으로

강아지풀

초록 입술에
빨간 햇살 한 움큼 베어 물고
앗 뜨거워
도리질하는 강아지풀

어디선가
산들바람이
살포시 다가와 속삭입니다
조금만 참아봐

깔깔깔
금세 해맑은 웃음
만세까지 부르는
초록 머리카락

그리움은 짙어지는 것

달려가고파라
하늘바다에 떠있는
저 푸른 달님에게로

햇살은 쏟아지는데
자운영 꽃 어우러진 강변에 누워
하얀 동그라미를 가슴에 그리는
검은 돌멩이 하나

그리움은 짙어지는 것
고요가 울부짖는
저 어둠의 언덕에서
오매불망 폭포수 같은 은하로
온 몸을 씻을 때

눈앞에 무수히 떠있는
샛노란 별들
하나 둘 내 가슴에 내린다

옥수수

하얀 꿈들이
알알이 영글어가는
한여름 들판에
나를 향한 저 태양의 눈빛은
어쩜 저리도 강렬할까

봄꽃이 환하게 필 때
발톱 하나 땅속에 묻고
이렇게 무더운 여름날
초록치마 속에
하얀 속살 꽁꽁 감추었는데

어느새 건들바람이 불어와
탐스럽던 머리카락이
누런빛으로 점점 고시어가는구나

땀방울 짙게 배인
어스름한 저녁 들녘에
한 소년의 하모니카소리가
아련하누나

한여름 콩밭에

저 불타는 대지에
애닯은 생명 하나 서있습니다
입술은 바싹바싹 타들어가고
온몸엔 푸른 분신들까지

시시때때 내리치는
삶의 벼락에
얼굴은 퍼렇게 멍까지 들었습니다
단, 한 톨의 어린 풋콩을 위해
한 마디 저항 없이
이 삼복더위에 서있는
모정의 세월이여

아, 장대비 내려
뼈마디가 앙상한 어미의 숲 그늘 아래
어린 자식들은
포동포동 살찌고 있습니다

매미의 함성

매미가 운다
매연에 절은 가로수
생의 끄트머리에서

언제부터였을까
하늘 끝닿은 저 콧대 높은 빌딩들은
이 땅의 무법자가 되어
바람의 길마저 막고 있다

생명수인 아침이슬 한 방울이
번들번들한 유리벽에 부딪쳤을 때
아, 그 모습 참담하다

세상은 알까
이렇게 목이 말라
최후의 숨통까지
바싹바싹 타들어 가는 것을

매앰 맴 도심을 울리는
이 처절한 목소리는
그냥 우는 것이 아니다
세상을 향해

온몸으로 분노를 하는 것이다

로등불도 고개를 끄덕인다
밤새마신 술에 취한 듯
눈동자가 벌겋다

여름 나그네

타박타박
저 폭염 속을 걸어가는 여름 나그네
가도 가도 끝없는 고행길
이내 발자국 머문 자리
초록 그리움 짙어만 가네

맑은 시냇물 건너
서너 모롱이 돌면
앞산에 뻐꾸기 울고 매미가 노래하던
내 고향집이 아니던가

내 유년의 언덕 저 너머
그리움이 샘물처럼 고인
초가집 지붕 위에선 박꽃이 하얗게 피어나고

마당가에선
채송화 봉숭아 분꽃 맨드라미가
나란히 어깨동무를 하던

먼 길 떠나신 님
하도 그리워
동구 밖 배롱나무 꽃그늘에서
울먹이는 여름나그네

가뭄

목이 탄다
삼라만상 만물을 품은 대지
어린 잎새 이글이글 타오르는
저 태양의 눈빛에 그만
고개를 푹 숙인다

연약한 몸 자꾸 야위어가고
예서제서 목마르다
아우성치는 작은 풀잎들

저 하늘 끝
벌건 불덩이 속에 숨어있던
착한 물방울 하나가 몸을 던진다
어찌하나
이 땅에 입맞춤도 하기 전에
불쑥 나타난 저 바다의 높새바람을

세상에 내려오기도 전에
물방울은 사라졌다
아스라이

마른장마

나는 보았다
대지의 가슴이
하얗게 타들어가는 것을

꽃잎지고
이 땅에 초록 그늘이 그리울 때면
장맛비가 주룩주룩 내리는데

지난해 사월
세월호의 아픔 때문일까
하늘은 불덩이에 샛노랗다
아, 사람의 입술도
대지의 살갗도
호수의 가슴마저

장맛비야
어서어서 내려주렴
맺힌 마음들 좀 시원하게 씻겨주렴

아직 떠나지 못한
그 어린 넋일까
마당가에 서있는 배롱나무 한 그루

가지 끝마다 열꽃이 피었다

발갛게
아주 발갛게

한여름 끝자락에서

여름을 태우던 벌건 불덩이가
조용히 무릎을 꿇었다네

태풍의 고함도 아니었다네
섬뜩한 번개도 아니었다네
작은 바람을 실은 가랑비의
애절한 눈물 몇 방울이었다네

그렇게 무더웠던 여름은
이 땅에 깊은 화상 자욱만 남기고
하얀 연기 속으로 사라지네

앙가슴을 새카맣게 태우며
하늘바라기만 하던
해바라기의 모가지는
빛 따라 더 길어지고

7月에 내리는 빗물

그대는 아시는가
그 푸르던 하늘의 얼굴이
왜, 저토록 어둡고 우울한가를
온몸이 산산이 부서지며
세상을 향해
비명을 지르는가를

누군가는
7月에 내리는 저 뜨거운 빗물을
장맛비라 말하지만

기나긴 가뭄과 무더위에
목이 타던 우주 만물들이
갈등하고
번뇌하고
응어리지고
아, 그 갈증에 생채기 난
아픈 마음들을

하늘이 대신 풀어주는
통곡의 눈물이라네

4부.
봄은 그렇게 내게 왔다

봄눈 마음이 참 따뜻하네

봄 언덕에
아지랑이 살랑살랑
살풀이춤을 추면

땅속에 웅크리고 있던
작은 씨앗 하나
따뜻한 봄볕 발자국소리에
고개를 쏙 내미네

아까는 훈풍 불었는데
차가운 꽃샘바람 어찌하나
아직 저 어린 새싹들
가는 눈도 못 떴는데

아가들아
조금만 참아봐
저기 담장 옆에 서있는
하얀 눈꽃이불 덮어줄게

살갗도 여리고
마음도 여리고
눈물까지 흘려주는
봄눈 마음이 참 따뜻하지 않니

그대는 보았는가
- 봄의 大地

그대는 보았는가
긴긴 겨울
저 고독한 광야에서
얼음덩이가 된 대지의 얼굴을

그대는 보았는가
싸늘하게 식어버린
대지의 마음에 살포시 다가가
은밀한 눈빛으로 봄을 사냥하는
저 태양의 얼굴을

그대는 보았는가
어둠의 장막을 열고
이 봄의 무희 아지랑이가
하늘하늘 춤추는 것을

그대는 보았는가
진설이 하염없이 눈물을 흘릴 때
대지의 가슴이 봉긋하게
부풀어 오르는 것을

입춘

봄이 와요
실바람이 속삭입니다
겨우내 꽁하고 싸늘하던
시냇물 얼굴에
발그레 화색이 돕니다

마음의 물꼬를 열고
돌돌돌 노래하는 시냇물소리에
화들짝 놀란 개구리 한 마리
봄의 창가에 서성입니다

하늘이 주신 선물
감로수 같은 봄비가
메마른 대지의 등을 토닥토닥 두드리면

저 어둠의 땅에도
샛노란 별들이 쏟아지며
산고의 진통은 시작됩니다

동백의 순정

먼 길 떠났다
협재 밤바다를 다시 찾은
동박새 한 마리
암흑 물빛에 비친 모습이 초라하다

세찬 바람은 고요를 깨우고
어둠을 지키는 건
저 멀리 비양도에 아스라한
등대 불빛뿐

지난여름 저 동백의 초록입술에
뜨거운 밀어를 남기고 떠났었는데
불현듯 그 그림자가 그리워
다시 찾은 동박새 한 마리

한 겨울 칼바람 부는
그 추억의 길목에서
아, 님은 기다리고 있었다

온몸에 붉는 꽃등을 켜고
동백꽃, 님의 순정으로

매화

메마른 가슴에 피어난
한 송이 꽃이여
순백의 마음이여

꽃샘바람 부는
빈 가지 끝에 망울망울 맺힌
그 눈동자 아스라하다

간밤에 은은한 달빛의 향기
소곤대는 별빛의 마음을
온몸으로 품어서일까

아침 햇살이
살금살금 네 곁에 다가가니
창백했던 얼굴에
환한 미소로 번지누나

냉랭한 세상
봄을 부르는 꽃이여
한 송이 매화꽃이여

연둣빛은 옹알이한다

어둠을 노크하는
새봄의 밝은 눈동자여

따사로운 너의 마음과 손길은
이 봄의 천사가 되어
서러움이 머물고 있는
저 차디찬 대지와
생의 낭떠러지
아스라한 가지 끝을 녹인다

저 황량한 봄의 들녘에
슬그머니 가랑비가 다녀간 후
배시시 눈을 뜬 만물들

때마침 불어온
맑고 경쾌한 봄바람 왈츠에
연둣빛은 옹알이한다

민들레꽃

사람들아
지금 우리가 밟고 가는
이 봄길이 어둡고 소란하다

척박한 길가에
노오랗게 꽃을 피운 민들레
숭고한 너의 얼굴을
고개 숙여 바라다본다

꽃샘바람이
네 작은 몸을 흔들고 있구나
이따금 춘설春雪도 내리고 있구나
냉기어린 맨땅에 누워
새봄의 찬가도 부르고 있구나
봄을 송이송이 피워내고 있구나

민들레야 너는
이 쓸쓸한 봄날
내 소망의 별밭에 피어난
한 송이 노란 별꽃이어라

풀잎 빗자락

고운 머리 결에
풀꽃 향내 솔솔 나는
풀잎 빗자락 하나
나의 집 마당가에 서있네

지난해 가을
달빛도 차가운 밤
풀잎의 애처로운 마음은 씨줄되어
늙은 칡넝쿨은 날줄되어
얼기설기 엮어 만든…

아직도 세상엔 한 점 남김없이
탐욕의 내장을 채우기 위해
징징거리는
저 진공청소기의 굉음보단
명주실처럼 곱고 보드라운
이 살결로 잠재운다네

오월이 성큼성큼 내 앞에 다가오네
앞뜰에 별처럼 쏟아지는 감꽃들
저 뽀얀 얼굴을
어떻게 쓸어야 하나

꽃이 피던 날

아, 그래도
붉은 피는 돌았다

북풍한설에
이 육신이 삶의 기로에 서서
사시나무처럼 떨고 있을 때
저 언덕 넘어 봄의 기적소리가

아, 봄이구나
숨죽이던 대지가 용트림한다
어느새 메마른 가지 끝에
연록이 움트고 있다

오랜 세월
가슴 속에 묻어 둔
애절한 삶의 이야기인가
이 가난한 봄날
창백한 얼굴로 각혈한다
노랑 빨강 하양에 형형색색으로

누가 우리 보고
방글방글 웃는다고
말했던가

삶은 희망이다

축포가 터진다
따사로운 봄볕 한 움큼
꽃잎들은 팡팡

지난해 봄
하얀 벚꽃 연분홍 진달래 노란 생강꽃
나뭇가지 끝마다
고운 물감으로 꽃물들이던

그 어여쁜 얼굴들을 시샘한
심술쟁이 꽃샘바람이
봉산자락을 뒤흔들고 갔다

이 봄 잊혀졌던 그 자리에
그리움이 다시 피어난다
더 곱고
더 어여쁘게

얘들아! 저기 좀 봐
노란스카프를 한 민들레꽃들이
아장아장 걸어오잖아

그래 삶은 희망이다

봄은 그렇게 내게 왔다

봄, 정녕 그대는 오시는가
무엇이 두려워
이 봄의 문턱에서 머뭇거리시는가

세상에 부는 살벌한 한파에
나는 목마르다
심한 갈증에
내 영혼의 숲은 더 앙상해진다

나는 기도한다
어서 문을 열어달라고
따뜻한 볕을 주시라고
이 땅에 단비를 내려주시라고

초록빛 하늘과 같이
초록빛 바다와 같이
그런 옷을 입고 싶었다

안개 너울을 쓰고 봄비가 내린다
내 살갗이 촉촉해진다
살갑게 미풍까지 분다

마치 몽환처럼
온몸에 초록 색칠을 하며
봄은 그렇게 내게 왔다

봄의 창가에서

– 해운대

창이 넓어
바다가 한눈에 보이는
하얀 식탁에 앉았다
때 마침 발그레한 햇살 한줄기
바다로 풍덩 몸을 던진다

황토로 빚은 갈색 뚝배기에선
비릿한 냄새를 풍기며
대구탕이 펄펄 끓는다

수저를 손아귀에 잡는 순간
고향을 향한 발짓일까
흰 살점 한 조각
푸른 물살 위로 파드닥파드닥

갑자기 말간 유리창에
봄비가 후드득
길섶 마른 가지에선
어린 새순이 고개를 쏙쏙 내밀고

저 들녘을 보라

저 들녘에는
심오한 가르침이 있다

봄이 되면 언 땅과 가지 끝에
새 생명이 잉태되고
다시 태어나는 것처럼

먼 데 갔던 얼굴 없는 바람은
여린 살갗을 살포시 깨우고
거칠게 일으켜 세운다

잎 새에 사악하고 교활한 마음이
팔랑팔랑 춤을 추면
하늘은 먼저 알고
우르르 꽝 번쩍 세차게 심판을 한다

두려움을 아는
어질고 순수한 들판에
햇볕이 따사롭게 내리나니
아, 초록은 춤을 추고
꽃잎도 피고진다

섬진강 네가 아니더냐

강물이 흐른다
봄바람이 보드랍다

해질녘 저녁 강가에
외롭게 서있는 매화나무 한 그루
누군가를 애타게…
가지 끝마다 아슴아슴 꽃등을

작은 거룻배에
이 마을 저 마을 구수한 사투리와
후덕한 인심을 싣고
전라도와 경상도를 넘나들던
섬진강 네가 아니더냐

무수한 세월
물살이 부서지며 쌓인 흔적
저 금모래 은모래 밭에 묻힌 전설은
파내도 파내도 끝이 없구나

어디서 날아왔을까
잔잔하게 흐르는 저녁강물에
꽃잎 한 잎 서럽게 떠있다

하얀 목련

안개비 내리는 새벽
빈 하늘에 하얀 등불을 켜고
두 손 모아 기도하는 여인이여

목련나무 밑동이 아닌
아찔한 가지 끝에 온몸을 던진
저 고결하고 백옥 같은 얼굴에는
그녀의 간절한 소망이 담긴
달빛의 맑은 향기가 흐른다네

고작 한 이레
이 암울한 세상을 위하여
제 몸을 향기롭게 불사르다 간
자비慈悲로운 촛불이었다네
절망에서 피어난
파-아란 불꽃이었다네

지금 불광천에는

세월의 그림자를 밟고 온
벚꽃나무 한 그루여
이제 고목되어 향기조차 잃었다

생명은 모질은 것
끊어질 듯, 끊어질 듯한
목숨 줄 하나 부여잡고
옹이진 삶의 모롱이에서
다시 꽃을 피우려한다

늙은 내 어머니 빈 젖가슴에
사랑이 고이고
그리움이 고인 것처럼

이 나른한 봄날
쭈글쭈글 이그러져
볼품없는 저 꽃주머니 속에도
마음이 움트고 있다

아, 불광천에 묻혔던
무수한 전설이 막 터지려한다
이천십칠년 사월 삼일
한낮의 햇살을 밟으며

그곳에 가고 싶다

그저 잊고만 싶었다
아득한 보릿고개
허기지고 삶에 찌든 하늘 아래
첫 동네를

그러나 바람의 나그네가
그곳에도 개나리가 피고
참꽃이 피었다고

질마재 양지바른 무덤가에
자줏빛 옷고름을 흔들며
새봄을 부르던
할미꽃의 청청한 소리에

산허리마다
파―란 새싹이
고개를 쏙쏙 내밀던
그리움 찾아
그곳에 가고 싶다

봄날은 간다

네가 걷고 내가 걷던
그 오솔길에 봄이 오면
살결 고운 붉은 황토밭에
오색 꽃은 피고지고

황홀한 꽃냄새 맡고
다시 찾아왔을까
먼데 갔던 아기 다람쥐

장끼와 까투리는
연록의 그늘 아래
사랑으로 둥지 틀고
푸드득푸드득

온누리에 황금 햇살 한가득
그윽한 꽃향기 속에
봄날은 간다

봄의 정경

- 철쭉 한 그루

가는 봄날 서럽게 꽃을 피운
늙은 철쭉 한 그루

안방 베란다
후미지고 그늘진 구석에서
남루한 옷을 입고 서있던
외로운 육신이여

불현듯 미안한 마음에
거실 쪽 꽃마을로 옮겼다
크고 작은 얼굴들이
색색의 옷을 입고
환호성을 지른다

그래 잘 왔어
모두 일어나 손을 잡을 때
서로의 눈빛에
따시로옴이 봄빛처럼 흐른다
철쭉 한그루에게 마음을 주는
참 따뜻한 오후이다

낙화

하늘이 너무 맑아
가슴시린 어느 봄날이여
별처럼 반짝이던
꽃잎 하나 떨어지네

늙은 무희의 마지막 무대
마지막 공연
빈 하늘에서 떼구르
구르고 또 구르는

어느 꽃잎의
애련한 몸짓이여

외로운 길섶에 서서

- 오월 벚나무

하얀 나비 한 마리
바람의 그네를 타고
저 멀리 떠나가네

달빛 어리는 그 자리
어미나무 한 그루
보고픈 마음
그리움이 파랗게 물드네

외로운 길섶에 서서
밤하늘에 떠 있는
저 작은 별꽃을 바라보며
너는 나의 분신이 아니더냐

이 밤도 서러워라
메아리 없는 빈 허공에
파란 날갯짓하는
히 많은 마음이여

5부.
생의 물길질

나의 창가에서

흐릿한 오후
나는 추억의 창가에 앉아
기억 저편에 머물고 있는
초록 잎 하나를 꺼낸다

어느덧 이순의 언덕을 서성이며
빛과 향기를 잃어가는 이 땅의 방랑자
나에게 편지 한 장을 쓴다

수고했다
너는 늦가을
저 허허한 산기슭에서 고독을 태우며
하얗게 꽃을 피운 한 송이 구절초였다

손끝에서 발끝까지
그 모진 풍파에도 흔들리지 않았던
너의 삶, 정말 진실하였다

꽃피고 질 때 많이 아팠지
그래서 네 몸 열두 마디가 균열되었구나
너의 잎새와 꽃잎은
나의 작은 손이고 얼굴이었다

아름다움이 퇴색되는 그 순간이 올 때까지
이 땅의 방랑자야!
정말 고맙다

나의 창가에서

삶의 계단을 오르며

제겐 힘이 부칩니다
저 삶의 고지를
어떻게 올라야 합니까, 어머니

그래 아들아!
네가 힘이 드는구나
어찌 단걸음에
저 아득한 고지에 다다를 수가 있겠니

네 안에 촛불 하나 켜고
빗속을 걷어
눈 속을 걸어
네 삶의 이정표를 향해
힘찬 페달을 밟고 가노라면

네 얼굴에 맺힌 굵은 땀방울은
분명 알찬 열매가 되겠지
먼 훗날
그래 잘했어
끝내 해냈어
너를 위로 하는 그런 날이 오겠지

아들아!
그때도 향기 잃은
하얀 갈대가
그 자리에 서있을까

달빛의 세레나데

- 아들의 방

어젯밤
너의 방이 또 취했구나
암울한 세상
아까운 청춘은 속절없이 사위어 가는데

창을 열면 황금만능에
사악한 무리가 춤추고
세상 참 어지럽구나

그래서 지난밤
너의 이성과 지성이 괴로웠구나
그 걱정에 네가 취했고
네 음악이 분노했구나

아직도 삶의 벽은
저 히말라야 산맥보다 높고
아득하기만 하구나
불 꺼진 너의 창가에
미소를 머금은 둥근달이
살포시 걸터앉아 있구나

아들아
오늘밤 네 영혼이 담긴 그 기타로
네 마음의 노래 세레나데를
저 푸른 달빛친구에게
연주해 주려무나

아, 바람의 섬

저 멀리 푸른 제주 섬
하얗게 부서지는 파도가
나를 유혹하는 날

물바람을 타고
발길 닿은 제주 하얏트호텔
빨간 동백 언덕 카멜리아 힐
산방산 아래 카페 레이지박스
게스트하우스 쫄깃센타
협재 앞바다에
멋지게 번지고 있는 저녁노을

짧은 여정 속에 모녀는
다시 만날 수 없는 순간을
두 눈에 가득 담아
보석 같은 추억을 가슴에 심었다

낯선 곳에서
늙은 어미와 젊은 딸이
모처럼 두 손을 잡았다
사랑의 전류가 뜨겁게 흐른다

오늘도 추억의 그림자를 밟고 가는
나의 인생길
아, 바람의 섬
제주거리에 미풍이 분다

딸, 언제나 그러하듯
참 애틋하다

환희의 눈물

얼마나 기다렸던가
응애응애 나의 첫 외손녀가
고고성을 터트리는
이 순간을

어느새 내 가슴은
파도를 탄 듯 춤을 추고
두 눈에선 환희의 눈물이 일렁이고

아가야!
너는 어느 별의 탯줄을 끊고
이곳까지 왔더냐
너와 나의 인연으로
끝없는 상념에 빠져있을 때

축하합니다
분만실 창가를 기웃거리던 달빛도
상기된 얼굴로 인사를 한다
어둠이 돌던 스무사흘 세상은 어느새
환희의 송가頌歌 속에
밝은 빛으로 가득 차오르고

세상 밖에 갓 나온
사랑스런 나의 외손녀
아, 아기 목소리가 우렁차다

무지갯빛 세상
- 아기 백일 무렵에

네가 우리 곁에 온 지
어느새 백일이 훌쩍 지났구나
아직도 양수가 출렁이던 고향바다
파닥파닥 파도를 타고 놀던
그 향수를 잊지 못하는구나

그래서 땅을 뒤집고
하늘을 바라보고
그 밤톨 같은 예쁜 입으로
옹알옹알
이방의 언어를 수 없이 쏟아내는구나
그것은 그리움이었구나

아가야!
언어가 다른 나라
여기서도 아주 먼
저 아프리카 대륙 소수민족과도
격의 없이 대화를 하는데…

아, 옳다구나
네 맑은 눈빛이 언어이구나

고운 때때옷 입고
아장아장 무지갯빛 세상
저 신세계로 걸어갈 우리 아기
까꿍까꿍 소리에
벙긋벙긋 웃는구나

미정이네 집 식탁

- 그녀의 빈자리

아침 햇살이
밤새 냉기 흐르던 냉장고 문을
톡톡 두드리면

작은 통에 갇혔던
김치 깍두기와
온갖 반찬들이 만세를 하고
벌떡 일어난다

집안을 맴도는 고소한 냄새
식탁에는 색색에 군침 도는 먹잇감
미정이네 집 식구들
맛 사냥에 마냥 손길 바쁠 때

반짝 고개를 든 콩나물이
예쁜 미정언니는요?
벌써 학교에 갔나요?

시집갔잖아!
수저통에서 주인 잃은 숟가락이
퉁명스럽게 한 마디 한다

아, 그렇지
그림자 어리는
그녀의 빈자리엔 긴 침묵만…

진달래 사랑

사랑 찾아
저 깊은 얼음골을 지나
너의 집 개울가 앞에 서있는
봄바람이여

사부작사부작 은밀한 발길은
은은하게 달빛 내리는
너의 창을 톡톡 두드리는구나

하얀 그리움에 목소리도 솜사탕처럼
달콤하고 부드럽구나
금세 너의 입가엔 헤픈 미소를 흘리며
귓불도 바알갛게 물드는구나

진달래야
나의 창 진달래야
황량한 봄날에
저 봄바람 애간장이 타는구나

너의 고운 숨결은
작은 불쏘시개가 되어
네 사랑 저 봄바람 가슴에
솔솔 불을 지펴보렴

그대 가슴에 별이

네모난 음악방은
그의 삶의 전부
기쁘거나
슬프거나
색소폰은 십여 년 세월 따라
그의 애틋한 애인이 되었다

오늘밤 젊음의 노트에
꽁꽁 숨겨져 있던
그리운 꽃 한 송이가
이 어둠의 방에서 아련하게 피어난다

입술이 떨린다
눈가에 이슬이 젖는다
애절한 선율은 파도를 타고
유리벽 가슴을 친다

어느새 바람은
달빛어린 창가에 기대 흐느낀다
별똥별 하나가
그대 가슴에 떨어진다

향수

– 어느 봄날에

불현듯 그녀는
미루나무가 나란히 서있던
그 신작로가 생각났다

흙먼지 풀풀 날리던 길
자전거 타고
언덕배기 넘으시던
젊은 면서기 아버지 모습이 그리웠다

불쑥 가고픈 마음에
산들바람을 타고
물바람을 타고
감꽃이 하얗게 피어나는
그 유년의 언덕에 찾아갔건만

개울에는
회색 시멘트 다리가 두 발로 서있고
신작로에는
검은 아스팔트로 옷을 갈아입고

세월의 물살에 씻겨서일까
한 발 한 발 내딛던 징검다리는…

내 동무 순임이는…

차라리 그리움은 가슴속에나 묻어둘 걸
일곱 살 어린 소녀
아름다운 추억은 여기까지

그 여자 가슴앓이
아직도 멈추지 않았는데
눈꽃처럼 벚꽃이 하얗게 지고 있다

그리움 하나

아버지!
저는 지금 오후 네 시를 걷고 있습니다
저 멀리서 저녁노을이
산마루턱을 향해
뚜벅뚜벅 걸어오고 있습니다

당신께서 걸어보지 못한 이 길
아직 태양의 열기가 가득한
마흔 여섯 오후 두시가
정녕 마지막 발걸음이셨나요

무엇이 그리도 급하셨나요
남은 시간은 이 땅에
긴 여백으로 남겨두고…
아, 서럽고 한 많은 삶이시여

저 하늘 붉은 태양이
오늘 하루를 마무리하려는 듯
온누리에 금가루처럼
고운 빛을 선사하고 있습니다
숭고한 이 시간 아버지가 계셨다면…

당신께서 가신 후
제 눈물은 어린 가슴에
슬픈 옹달샘이 되어 점점 깊어졌습니다

하얀 백지에
파카 만년필로 행간을 메워가시던 아버지
그 시절 최고의 지성이셨지요
오늘은 당신의 그리움 하나하나를
실타래 풀듯 풀어보겠습니다

아버지!
그리운 나의 아버지여
저녁노을이 뚜벅뚜벅
산마루턱을 향해 걸어오고 있습니다

한탄강물이여

– 철원에서

아, 빛이 서늘하다
한여름 태양의 광선이
살갗에 뜨겁게 내려 쏘는 데도

저 허허한 하늘에
새떼들은 날갯짓하며
오늘도 남북을 오가지 않는가
누가 이 기름지고 비옥한 옥토에
철조망의 가시로 지뢰를 심었단 말이던가

통한의 칠십여 년 세월
어린 꽃잎들이 아스라이 묻힌
저 피의 능선에
그 누구의 한 서린 넋일까
초록 잎새 하나 흐느껴 운다

계곡을 울리는
산 메아리의 구슬픈 절규여
그 아픈 상흔에
아직도 가슴을 쓸어내리는 한탄강물이여

깃털 빠진 늙은 백로 한 마리
빈 허공을 맴돌고 있다
바람처럼 떠나신 그리운 영혼일까
이 가슴속에 부정父情을 품어서일까
그만 내 작은 두 눈에
눈물이 주르르 흐른다

그리움이 고동칩니다

저 들녘에 불볕이 내리고 있습니다
삶의 무게를 머리에 이고
종종걸음 하신
내 시어머니

물이 찰랑한 논바닥에
한 뿌리 어린 생명을 심으실 때마다
얼마나 많은 땀을 흘리셨나요
저기 고인 물은
오직 당신께서 흘리신 땀방울이었습니다

백로 한 마리 날갯짓하는
저 푸른 들녘에 그리움이 고동칩니다
생의 마디엔 꽃들이
하얗게 피어나고 있습니다

아득히 멀어져가는
당신 발자취 때문일까요
해가 설핏해지면
개구리가 제 귓전에 울어댑니다

봄이 오는 길목에서
- 어머니 얼굴

봄이 오네요
촉촉이 내리는 봄비
어린 새싹들이
파릇파릇 눈을 떴습니다

세상은 훈풍 부는데
핏기 잃은 어머니 얼굴에
쓸쓸한 미소가…
때가 되면 봄은 다시 찾아오고
마른 나뭇가지마다
수액은 힘차게 차오르는데

인고의 세월 속에
앙상하게 고목이 되어버린
내 어머니 육신이여

앙칼진 바람은
왜
가슴을 아프게 하고
눈물나게 하는가요

생의 물길질

나비 한 마리 날고 있다
산등성이 꽃구름 따라
연록의 물결 따라

한낮에도
커튼 내려져 어두컴컴한 방안에
수 백 번이나 방송되었던
TV 연속 사극이 한창이다

구순의 어머니는
'장희빈 저것은 못된 것'
그 착한 인현왕후를…
울분에 찬 목소리가 천정에 닿았다
조각조각 부서져 내렸다

생의 끄트머리에서
저 분노에 찬 목소리는
폐비에 대한 안타까운 마음이겠지만
당신 육신이 늙고 병든 것도 서러운데
발길 뜸한 자식들에 대한 섭섭한 마음일 게다

이봄 고목에도 새순이 돋고 있다
점점 쇠약해져가는 늙은 어머니는
오늘도 한 서린 눈물샘에서
빈 두레박으로 그리움을 퍼올린다

생의 물길질 한가운데
2016년 4월 25일이 흐르고 있다

단풍이 물들고 있나이다

Ⅰ.

명절이 되면 형님이 계신
한밭 대전은 가깝고도 꽤 멉니다
천릿길은 아니건만
예닐곱 긴 시간을 달리고 달려

그리움을 마주하는 순간
눈가 언저리 깊게 패인 주름 밭에
지울 수 없는 세월의 흔적
삶의 이야기가 심어져 있나이다

성씨도
나이도
혈액형도 다른
배반背反의 씨앗들이
뼈대 깊은 반남박씨 가문에서 만나

사십여 년 세월에
눈 오고
비 내리고
별이 쨍쨍 내릴 때

만약
그대의 우산과 그늘이 없었다면
그 험난한 세월을
어찌 견뎌낼 수가 있었을까요

Ⅱ.
세월은 화살과도 같았습니다
어느새 우리 육신에 서리가 내리고
단풍이 물들고 있나이다
이제 피를 나눈 형제자매보다
더 애틋하나이다
미운 정 고운 정까지 들었나이다

저는 늘 빈손
그러나 귀경 길엔 쌀 고춧가루 참기름에
무한한 사랑까지 듬뿍

언젠가부터
자애로우셨던 시어머니 모습이
그대 얼굴에 언뜻언뜻 스치나이다

고구마의 다섯 줄기

외로웠구나
그리웠구나
사랑하는 내 막내 동생아

어쩌다 너는
애처롭게 바람의 홀씨가 되어
낯선 원주 땅에 삶의 둥지를 틀고
뿌리를 내렸더냐

그래서 한여름 치악산에
초록 숲이 무성하게 우거져도
네 마음이 외로워구나
이렇게 갈바람이 부는 쓸쓸한 가을밤이면
달빛 어린 섬강에 얼굴을 묻고
그 얼마나 통곡을 했더냐

누런 종이 박스 속에
알몸을 발갛게 벗은 녀석들이
옹기종기 모여 살을 부비고 있구나
마치 우리가 어렸을 적처럼

부모 형제의 그리움이 분분한
한 여름철에는 옥수수를
가을에는 고구마를 정으로 부치는구나

저 고구마 줄기처럼
한 핏줄과
한 탯줄로 태어난
우리 오남매가 아니더냐

아, 덧없는 세월이여
어느새 우리 막내 머릿결에
서리가 하얗구나

톤레삽 호수[2]에서 · 1

조국은 그들에게
등 붙일 단 한 평의 땅도 허락하지 않았다
흙먼지 풀풀 날리는
선착장에서 조차 외면당한
서러운 부평초들

나라 잃고
정든 둥지를 떠나야만 했던
서글픈 현실 앞에서도
결코 삶은 포기하지 않았다
흔들리는 조각배에 몸을 싣고
한 줄기 빛을 찾아
망망한 물 위를 떠돌던

아, 그때 가슴으로 다가 온
누런 황톳물과 물고기 떼들은
다 쓰러져가는 뱃머리를 붙잡아 앉혔다

이글거리는 불덩이 아래
물 뿌리로 기둥을 박고
하얀 달빛을 지붕을 삼아

---

2) 톤레삽 호수: 캄보디아 메콩강

하나 둘 씩 삶의 둥지를 틀었나니
아, 어찌 서럽지 아니한가
톤레삽 드넓은 호수
길 잃은 이방인들의 슬픔이
이 밤에도 둥둥 떠 있다

톤레삽 호수에서[3] · 2

흙바람 부는 선착장
낯선 이방인이 탄 버스가 닻을 내리면
어디선가 우르르 나타난
새카만 눈동자의 어린 영혼들
원달러!
천원만!

이 시각 그들은 배움의 터전
학교 교실에 있어야 할 시간이다
단 한 푼의 돈을 구걸하기 위해
비-쩍 마른 몸의 한 소년은
징그러운 뱀을 목에 두르고 있다
먼 나라 한국 가수 싸이의
말춤까지 춘다

국가도 부모도 지켜주지 못한
저 천형 같은 가난
어제 우리 대한민국의 한 단면이다
어쩌면 일그러진 저 모습은
지난날 우리들의 삶이었기에
머리가 허연 여행객들 가슴마다
진한 아픔이 고인다

3) 2014. 3 톤레삽 호수에서

이런 집을 짓고 싶다

햇볕 쏟아지는 개울가
양지바른 언덕에 그림 같은 집을 짓고 싶다
채송화 봉선화 라일락
정열의 꽃 붉은 칸나와 초록 잔디를
마당 한가득 심고 싶다

뒤곁 장독대에선
향기로운 내 삶의 노래에
고추장 간장 된장이 곰곰 익어가고
가을이 되면 가지 끝마다
삼십 촉 빨간 전구알처럼
붉은 감이 주렁주렁 열리는
그런 감나무 한 그루도 심고 싶다

도란도란 행복의 울타리 안에
남편은 색소폰을 연주하고
아들은 기타치고
딸은 청아한 목소리로 노래하고
나는 시를 쓰고
말간 유리창에 부딪힌
아름다운 멜로디는 옥구슬되어
또르르 떨어질 거야

아, 이런 집을 짓고 싶다

단풍잎 사러 가는 길[4]

- 내장산의 단풍

신 새벽부터
단풍잎 사러 가는 길
망아지는 꼬리에 꼬리를 물고

서울에서 부산까지
단풍잎이 곱다는 뜬소문에
어느새 투기장이 되어버린
내장산 골짜기여

머리가 희끗희끗한
갈대 한 무리 떼 지어 먼 길 찾아갔건만
누가 벌써
저 붉은 단풍잎 한 무더기를
몽땅 사갔단 말이던가

노란 은행잎 지전으로
바들바들 떨고 있는 빛바랜 단풍 몇 잎을
막 사려하는데
어디선가 사나운 바람이
쏜살같이 달려와 싹쓸이한다

---

4) 2012. 10. 28.초등학교 동창생들과 가을여행

산등성이에 타다 남은
잔불도 서서히 꺼져가고 있다

기약 없이 헤어지는 쓸쓸한 갈대들의 뒷모습에
동심의 얼굴이 어린다

라이브카페에서

– 송년회

잔잔하게 음악이 흐르고
하얀 테이블 위에선
촛불이 무희인 양
발그레한 얼굴로 춤을 춘다

어둠의 공간에
오색 조명이 별처럼 떠있는 카페
늙은 무명의 여가수는
세월의 흔적을 숨기려는 듯
짙은 화장에 짧은 치마
굽 높은 구두
그 모습 애처롭다

'나이는 먹어가는 것이 아니라
조금씩 익어가는 것'

그 백발의 여가수가
마치 자기 인생사처럼
흘러간 노래를 목 놓아 부를 때
무대에서 현란하게 춤을 추던
오색의 빛과 그림자도
고개를 끄덕인다

한겨울 밤바람이 차다
한 잔 술에 취한 억새와 갈대가
어느새 거친 손을 잡고
망망한 세월의 언덕을 넘는다

〈작품해설〉

관조의 시안視眼, 생의 한 줌

한화덕 (시인 · 수필가 · 한여울문학 대표)

<작품해설>

관조의 시안視眼, 생의 한 줌

한 화 덕

(시인 · 수필가 · 한여울문학 대표)

대지의 향기가 삶의 문양이 되어 가을 물 곱게 물들어 가는 들녘의 구절초 같은 여인, 봉순희 시인의 문학의 숲인 제 1집 『봄이 오고 있잖아요』에 이어 제2시집 『생의 한 줌』을 발간하게 되어 축하와 함께 기쁨으로 해설을 하는 바이다.

봉 시인은 특히 서정적 기술력이 문장력과 함께 탁월하며 감성의 세계에 젖게 하고 사연이 확실하며 읽을거리가 있고 그의 성격만큼이나 주제구현이 명확하다는 사실이 그를 오랜 시간 곁에서 지켜 본 바다.

이제는 그 오랜 시간만큼이나 사물을 관조觀照하는 시안視眼으로 들어서 글의 주관성, 객관성 그 어느 시각의 세계 속으로도 들어가 자유자재 사물과의 합일성을 이루어 분석하고 현실을 직시하는 눈으로 재해석해내는 독창성을 볼 때, 그의 노력이 빛을 발하는 순간이 이제 왔음을 감지한다. 시집 제목에서 보았듯이 삶의 여정의 순간을 한줌의 생, 『생의 한 줌』으로 표현해 내는 그 감각력에 극적요소가 있어 절박하고 애절함이 드러나는 그의 삶의 시의 노래다.

1. 관조觀照의 눈, 사물 들여다보기

관조의 눈은 사물 들여다보기이다. 어떤 눈으로 볼 것인가. 지혜智慧의 눈으로 관찰력 · 분석력 · 통찰력을 통해 바라보는 예지력이다.

첫째, 사물 특성 살피기로 색, 모양, 냄새의 전체모습을 본다.

둘째, 사물의 성격을 여섯 감각의 열린 마음으로 바라보아야 한다. (시각 · 청각 · 후각 · 미각 · 촉각 · 의식) 그래야 생태학적 연구를 밑바탕으로 해서 감성으로 채색한다.

셋째, 내면의 모습은 사물의 또 다른 모습으로 교감하여 생각의 깊이 따라 수직사고로 무궁무진한 보고寶庫를 발견한다.

넷째, 시의 화자話者의 목소리를 빌어 감정이입하면서 생각나누기를 통해 느낌대로 생각대로 읊어낸다.

다섯째, 또 하나의 중요 요인은 시인의 직관력으로 무의식 속에 잠재되었던 체험과 사물의 존재성을 영감靈感으로 발견한다.

존재에 대한 인식은 새로운 명명이며 존재의 사실 가치를 드러낼 리얼리티이다. 기존의 관념과 물질의 이해, 철학적 가치는 순수한 자아의 직관直觀으로 새롭게 창조한다.

문학은 자연(환경)과 인간(내재된 면모)의 존재를 파악하려는 이해분석으로 의식 속의 노력이 담겨있다.

시는 존재의 본질을 규정하고 존재를 건설하는 행위이다.

시인의 사명이 여기에 있다.

2. 「생의 한 줌」의 시간

이번 봉순희 시인의 관조觀照의 세계를 그의 작품 세계 속에서 함께 조명하는 『생의 한 줌』의 시간을 갖는다.

제1부. 내 삶의 문양(17편), 2부. 서리꽃이 필 때까지(20편), 3부. 물의 나그네(21편), 4부. 봄은 그렇게 내게 왔다(21편), 5부. 생의 물길질(22편)으로 모두 101편의 작품으로 구성되어 있다.

봉 시인의 시집 1집의 『봄이 오고 있잖아요』의 「자서自序」에서 '형형색색으로 물들어 가는 저 단풍잎을 보면서 생각했습니다. 나는 무슨 색깔의 옷을 입었을까요. 낡고 빛바랜 무명옷이었습니다. 그 위에 색색의 실로 한 땀 한 땀 수를 놓는 심정으로 삶의 노래를 시로 썼습니다.'라고 밝혔듯이 마치 우리 삼국유사에 신라의 해와 달의 정기를 지닌 연오랑延烏郞과 세오녀細烏女가 어둠속으로 사라진 해의 도래를 위해 하늘의 성역을 향해 뜻을 모아 색색으로 정성껏 비단을 짜 올리듯, 그의 삶의 문양은 성실히 열정으로 엮어 짜 자신이 경영하는 길 위에 화려하지는 않으나 소담스럽고 싫증나지 않는 은은한 생명력의 마력을 지닌 소유의 꽃이다. 누구에게나 그가 먼저 가슴 열어 친구가 오래 될 수 있고 대상의 사물을 품어 따뜻함의 배려를 지니는 품이 넓은 사람이라는 것을 알았기에 곁에서 10여년 지켜본 바로 보기 드문 고마운 사람이다.

1부 「내 삶의 문양」에서, 화자話者는 맑은 영혼을 지향하면서 고운 햇살과 향기로 가슴을 지닌 하얀 꽃대궁으로 삶을 피워보려 하였지만 현실은 어둠의 긴 터널을 가듯 하였다. 다행히 자연의 푸른 바람소리가 있고 등을 기댈 대상을 찾아 나무 한 그루가 있는 '자연과의 동화 속 어울림'으로 살아가면서 자신만의 갈물이 드는 문양을 만들어 나간다.

바다는 침묵했다
저녁노을을 집어 삼키고

저 푸른 바위섬에서
해를 품고 달을 품고
한평생 청춘가를 부르던
늙은 어부가 절규한다

파도야 어서 일어나렴
붉은 태양이 숨바꼭질하는 동해에서
검푸른 고래 등을 타고
저 태평양으로 가자구나

갯바람 부는 바닷가
먼발치에 무심한 듯 서있던
동백의 붉은 모가지가
툭- 떨어진다

어느덧
수평선에 땅거미 내리고
그 노인의 머리에는
소금 꽃이 하얗게 피고

-「바다는 침묵했다」 전문

「바다는 침묵했다」라는 언어의 환기성으로 감정을 움직이며 늙은 어부는 태평양 같은 삶의 바다에서 아버지이고 남편이고 세상의 남자이다. 어느 날 세찬 바람 불어와 동백의 모가지가 붉은 울음 울며 떨어지고 어느새 한 남자는 세상 바다에 침묵으로 머리에 하얀 소금꽃이 피는 상징적 '은유의 상상화의 꽃'이 된다.

「오후의 바다」에서는 남편과 다정한 어깨 마주하며 황금빛 쏟아지는 인천대교를 거닌다. 이 다리를 통해 떠나가고 오가는 사람들, 연인들의 헤어짐을 보고 때론 포기하고 싶은 순간의 지나옴을 느끼면서 나와 너는 평화로 이별 없는 영원의 제국으로 이곳까지 온 우리의 '인생의 나루터'를 본다. 지나온 인생의 길 여정이 석양빛 노을에 찬란하게 빛으로 쏟아져 내림에 가슴은 환희에 찬 시간을 맞는다.

> 예전엔 몰랐습니다
> 그대 가슴에
> 심연深淵의 바다가 있다는 것을
>
> 성난 파도는 굉음을 내고
> 그때 우리의 삶은 요동쳤습니다
>
> 바위섬 하나 없는 망망한 대해에서
> 질풍노도와 사투를 벌일 때
> 아, 당신은 바로
> 그 낡은 목선의
> 외로운 선장이었습니다

고독한 항해 끝에
이제 물결이 잔잔하네요
황금빛 저녁노을도
당신 얼굴에 곱게 퍼지고 있습니다

이제야 알겠습니다
그대의 눈물이
저 서해 바다의 소금물보다
더 짜디 짠 까닭을

-「이제야 알겠습니다」에서

그대 가슴 속 심연의 바다에 깊이도 모른 채 망망한 대해에 삶의 사투를 벌이는 낡은 목선의 외로운 선장을 곁에 본 지금 이제는 2-3년 전의 그 물결도 잔잔해지고 저녁노을이 얼굴에 곱게 번지는 모습을 바라보면서 당신 가슴 속에 푸른 멍에가 소금보다 짠 그때의 의미를 되새기고 요동친 삶의 바다는 그대 가슴에 '심연의 바다'의 깊이가 있었다는 것을 심상心象의 사고 속에 다시금 깨닫는다.

「휘어진 소나무」는 푸른 등불 하나로 고독한 언덕에 서서 자연의 길을 내어주는 푸른 나침반이다. 삶의 무게가 무거워도 불멸의 정신을 갖게 하는 초록빛의 얼굴로 '삶의 등가성等價性'을 이루는 대상이 된다.

하얀 박하 분처럼
내 속살이 곱고 보드라울 때
한 늑대가 가면을 쓰고
눈앞에 나타났다네

어느새
육신은 쩍쩍 금이 갔다네
아, 이 가슴속엔
뜨거운 눈물 몇 섬이나 고였을까

온 몸은 훈장처럼 멍들고
성한 곳 하나 없지만
그래도 꽃은 피어있다네

-「그릇 · 2」에서

봉 시인은 생각의 사고가 열려 있어 사물의 대상을 발견하며 그 묘사는 연상적 사고와 함께 시의 근원성으로 접근하면서 언제부턴가 이야기로 풀어내고 있었다. 솜사탕처럼 달달하던 분빛이 올가미의 덫으로 다가와 향기로운 영혼을 섞어 빚은 날 삶의 용광로 속에서 지내오면서 온 몸은 이제 상처 난 훈장처럼 꽃으로 피어있는 '사물시의 생명화' 육화肉化이다.

인간은
우물 속에서 퍼낸
한 바가지
물에 불과한 것을

흩어지는 물과
허공에 부는 바람
아, 저 하늘 끝에서
잠시도 머물지 않는
먹장구름과 같다

이 순간도
내 곁을 스쳐가는 바람
잡을 수가 없구나
참 허무하여라

–「허무」 전문

작가는 찰나의 냉철함이 있다. 어린 소녀시절 회상 속에 맑은 순수 영혼은 흐르지 않는 기억이 정지된 우물샘에서 물을 뜨는 일렁이는 물살 속에 소멸하는 사물의 모습을 순간 본다. 지금 이순耳順이 넘은 시간의 질서 속에 혜안慧眼으로 옛 이야기를 다시 되뇌이고 있다.

무딘 칼끝에 어찌 아픔이 없으랴
속울음 삼킨 상처의 그림자 속에 맑은 향기를 품은
시어가 탄생하는 순간 시인은 참 희열을 느낀다

–「시인의 언어」 에서

아, 기적처럼 세월 속에 묵혀 두었던
내 영혼의 묵정밭엔 파랗게 새싹이 돋고
색색으로 꽃까지 피어나는데

내 시작詩作노트에는 성글지 못한
풋내 나는 열매들이 아우성친다
내가 가는 길은 멀고 아득하구나

–「내가 가는 길」 에서

시인은 올곧은 한 그루의 나무를 키우기 위해 깊은 사념의 시간 속에 무딘 칼끝의 아픔을 견딘다. '나는 누구인가' 석양이 물든 저녁 강가에서 은빛 갈대를 부여잡고 목 놓아 우는 화자話者를 발견한다.

"한 마리 가을 나비가 되어 生의 끄트머리 노란 금실로 수를 놓은 고운 수의를 입고

타다 남은 초록 그리움 한 조각은 메마른 이 가슴에 쓸어안고

산 넘고 바다 건너 바람의 길 따라 훨-훨

-「단풍잎의 소망」에서

단풍은 한 마리 나비가 되어 꿈과 현실의 이중적 구조로, 그는 열꽃으로 타다 남은 초록 그리움을 노래한다.

나뭇가지마다 붉은 선혈이 흐르고 있네

봄의 빈가지에 수수하게 꽃을 피우고
한여름 폭풍우를 온몸으로 지켜 낸
푸른 분신들이었다

듬성듬성 해져가는 산허리에 늙은 나무 한그루
외롭게 서있네

-「어머니의 가을」에서

대지는 어머니의 마음, 삶을 수수하게 물들이고 그 푸른 분신들은 이제 가을 산에 떠나 보내야하는 돌아보지 않는 바람이 되어 약속하다. 등성에 기대 홀로 나목이 되어 서있어야 하는, 마치 우리 인생에 생명이 있는 나무 한 그루, 계절과 인생과 자연의 그 가을은 대지의 품 같은 어머니의 가을이다.

신이시여 부디 제 술잔을 받아주소서
오늘 이 뜻 깊은 제상에 아직은 푸릇한 술잔에
새벽이슬로 빚은 맑은 술 한 잔을 제주로 올리나이다

그렇게 뜨거웠던 여름 폭염에 살갗이 시퍼렇게 데이고
폭풍우에 온몸이 뿌리 채 흔들려도

-「추석」에서

땅의 은혜로움과 하늘에 올리는 감사의 글은 읽는 사람들로 하여금 함께 가슴 뭉클한 눈시울 잠기게 하는 따뜻한 글이다. 가슴에 초록 등불 하나 불 밝히고 광활한 대지에 작은 생명체로 등불은 꺼지지 않아 마침내 형형색색 고운 색들로 속이 옹골친 열매들로 가을의 주인공이 되었다. 그의 직설화법話法은 진지하고 경건하며 호소력이 있다. 가을의 아픔과 여백 속에 간절한 기도가 있었다.

生이 한 줌 빠졌다
간밤에 내린 비에

미련 때문일까

아직도 떠나지 못한 분신들
뼈마디가 앙상한
어미나무를 부둥켜안고 운다

아, 어떡하나
저 쌀쌀한 바람의 소리를
이제 마지막 남은
붉은 잎새 한 잎도
발을 동동 구르는데

-「생의 한 줌」에서

가고 오는 인간의 生의 다리 위에 떠나지 못하고 보내지 못하는 생의 미련 가운데 마지막 바람소리에 발을 구른다. 바람도 손을 내밀지 못하고 '생의 한 줌' 그것은 아-! 이 땅에 마지막 남은 사랑이었다.

신이여! 마침내
제 안에 풍요가 있나이다

낙엽 한 잎 걸치지 않은
가난한 육신에
방황의 기로에
감성을 일깨운 바람이 없었다면
감로수 같은 빗방울이 없었다면
비타민 같은 햇볕이 없었다면
어머니 품 같은 대지가 없었다면

-「촛불」에서

"이 좋은 계절 어찌 제 곳간을 가득 채우겠나이까. 어찌 빛깔 고운 이 옷을 입겠나이까. 아, 만물들은 노래하나이다."라고 대지의 신에게 올리는 감사의 「촛불」 제문이다.

둥지 떠난 물의 나그네
향긋한 꽃바람 유혹에
발길 닿은

저 불볕 쏟아지는 진흙 밭에서
온 몸과 영혼은 꽃등 되어
색색으로 불 밝히는
저 연꽃들의 마음을

여기는 물의 나라
속세에서 찌들고 병든
내 영혼과 육신을
저 천년의 연꽃 향으로 씻어내리

고요한 저녁 강물에
발 담그는
물의 나그네

「물의 나그네」에서

시인은 은유隱喩의 향연으로 자연의 몸짓이 되어 발길 닿는 '양평세미원'에서 연꽃향물에 취하는 「물의 나그네」가 된다.

다음 시는 '길 위에서 만든 언어의 꽃'으로 생각의 길, 마음에서 영혼으로 이어지는 시를 감상해본다.

안개비 내리는 새벽
빈 하늘에 하얀 등불을 켜고
두 손 모아 기도하는 여인이여

목련나무 밑동이 아닌
아찔한 가지 끝에 온몸을 던진
저 고결하고 백옥 같은 얼굴에는
그녀의 간절한 소망이 담긴
달빛의 맑은 향기가 흐른다네

고작 한이레
이 암울한 세상을 위하여
제 몸을 향기롭게 불사르다 간
자비慈悲로운 촛불 이었다네
절망에서 피어난
파-아란 불꽃 이었다네

-「하얀 목련」 전문

하늘이 너무 맑아 가슴시린 어느 봄날이여
별처럼 반짝이던 꽃잎 하나 떨어지네
늙은 무희의 마지막 무대 빈 하늘에서 구르고 또 구르는

-「낙화」 에서

꽃의 개화開花는 시작에서 끝으로 가는 길이다. 별빛 같은 꽃잎이 꿈으로 이어져 아름다운 끝을 알리는 흩날리는

비상은 애련한 몸짓으로 인생을 맺는 시간이다.

빛과 향기를 잃어가는 이 땅의 방랑자에게 편지를 한 장 쓴다. 늦가을 허허한 산기슭에서 고독을 태우며 하얗게 꽃을 피운 한 송이 구절초처럼 잎새와 꽃잎은 작은 손이고 얼굴이다. 아름다움이 퇴색하는 순간이 올 때까지 「나의 창가에서」는 이 땅의 방랑자인 자신에게 보내는 초록 잎새 위의 글이다.

> 창을 열면 세상 참 어지럽구나. 지난 밤 너의 이성과 지성이 괴로웠구나. 너는 격정하고 너의 음악이 분노했구나. 삶의 벽은 아득한데
>
> 불 꺼진 창가에 둥근달 되어 살포시 걸터앉아 너의 노래를 듣는다. 너는 푸른 달빛의 친구에게 사랑의 연주를 한다.
>
> -「달빛의 세레나데 - 아들의 방」에서

아가야!
너는 어느 별의 탯줄을 끊고
이곳까지 왔더냐
너와 나의 인연으로

달빛도 상기된 얼굴로 인사를 한다
어둠이 돌던 스무사흘 세상은 어느새
환희의 송가頌歌 속에
밝은 빛으로 가득 차오르고

-「환희의 눈물」에서

사랑 찾아 저 깊은 얼음골을 지나
너의 집 개울가 앞에 서있는 봄바람이여
하얀 그리움에 목소리도 솜사탕처럼 달콤하고 부드럽구나
진달래야 나의 창 진달래야 황량한 봄바람에 애간장이 타는구나
네사랑 저 봄바람 가슴에 솔솔 불을 지펴보렴

-「진달래 사랑」에서

훈훈한 봄바람이 불어오는 날 부드럽고 든든한 사위를 맞아 진달래 같이 예쁜 딸의 모습이 사랑의 봄 훈풍 속에 그려진다.

네모난 음악방은
그의 삶의 전부

색소폰은 십여 년 세월 따라
그의 애인이 되었다

입술이 떨린다

어느새 바람은
달빛어린 창가에 기대 흐느낀다
별똥별 하나가
그대 가슴에 떨어진다

-「그대 가슴에 별이」에서

음악의 선율을 사랑하는 부드럽고 감미로운 품성을 지

닌 남편을 가슴 곁에 지녔기에 젊은 감성의 노트에 적힌 그의 애절한 리듬을 바람의 창가에서 듣는다.

> 아버지, 저는 지금 오후 네 시를 걷고 있습니다.
> 저 멀리서 저녁노을이 산마루턱을 향해 뚜벅뚜벅 걸어오고 있습니다.
> 저 하늘 붉은 태양이 오늘 하루를 마무리하려는 듯
> 온누리에 고운 빛을 선사하고 있습니다.
> 당신께서 가신 후 어린 가슴에 옹달샘이 되어 점점 깊어졌습니다.
> 그리운 나의 아버지여

「그리움 하나」에서 어린 추억 속의 아버지를 만난다.

> 나비 한 마리 날고 있다. 산등성이 꽃구름 연록의 물결 따라
> 구순의 어머니는 울분에 찬 목소리가 천정에 닿았다.
> 생의 끄트머리에서 저 분노에 찬 목소리로
>
> 이 봄 고목에도 새순이 돋고 있다.
> 늙은 어머니는 오늘도 한 서린 눈물샘에서
> 빈 두레박으로 그리움을 퍼 올린다
>
> -「생의 물실실」에서

> 명절이 되면 동서 형님이 계신 한밭 대전은 가깝고도 꽤 멉니다.
> 그리움을 마주하는 순간 눈가 언저리 깊게 패인 주름밭에 세월의 흔적이 심어져 있나이다. 성씨도 나이도 다른 배반背反의 씨앗들이

그대의 우산과 그늘이 없었다면

-「단풍이 물들고 있나이다」에서

배반背反의 씨앗들은 서로 다른 사물의 변화요소에서 배반의 성품을 지니는데 땅의 근원을 향해 함께 어우러지며 뿌리내리는 역설적 관점의 시각이다.

햇볕 쏟아지는 개울가 양지바른 언덕에
그림 같은 집을 짓고 싶다. 채송화 봉선화 라일락
마당가에 한가득 심고 싶다. 뒤 곁 장독대에
향기로운 내 삶의 노래가 곰곰 익어가고
붉은 감이 주렁주렁 열리는 한그루 감나무도 심고 싶다.
도란도란 남편은 색소폰 연주하고 아들은 기타치고
딸은 청아한 목소리 노래하고 나는 시를 쓰고

-「이런 집을 짓고 싶다」에서

봉 시인의 행복해지는 시간을 되새겨보고 축복하고 축원한다. 그 염원은 이루어져가고 있다. 빨간 감나무처럼 넓은 품을 지닌 그의 뜰에서 옹골진 투지와 성실로 발전적 자아로 거듭나면서.

3. 「생의 한 줌」이 끝나기 전에

그는 그 언젠가 '삶의 문양'은 향기가 없다고 역설하였다. 마치 보이지 않는 바람처럼 바람의 이중적 파괴력이 아닌 바람이 꽃잎에 일렁이는 색의 무늬를 엮어 짜고 있기를 이제 갈망한다. 가을을 품은 어머니 모성으로 대지 같은 '어머니의 가을' 오색 향기로 『생의 한 줌』이 끝나기 전에.

국립중앙도서관 출판예정도서목록(CIP)

이 도서의 국립중앙도서관 출판예정도서목록(CIP)은 서지정보유통지원시스템 홈페이지(http://seoji.nl.go.kr)와 국가자료공동목록시스템(http://www.nl.go.kr/kolisnet)에서 이용하실 수 있습니다.

(CIP제어번호 : CIP2017025874)

봉순희 시집
생의 한 줌

초판인쇄일 2017년 10월 16일
초판발행일 2017년 10월 20일

지은이 : 봉순희
발행인 : 김순진
편집장 : 전하라
디자인 : 김초롱
펴낸곳 : 문학공원
등 록 : 2004년 3월 9일 제6-706호
주 소 : 우편번호 03382 서울 은평구 통일로 633
녹번오피스텔 501호 스토리문학사
전 화 : 02-2234-1666
팩 스 : 02-2236-1666
홈페이지 : http://cafe.daum.net/yob51
이메일 : 4615562@hanmail.net

※ 책값은 뒤표지에 있습니다.